뇌 훈련 · 노화방지에 도움되는

어른을 위한
낱말 퍼즐 ②

건강 100세 연구원 지음

Vitamin
헬스케어 Book

뇌 운동으로 뇌를 젊게!

　사람이 나이를 먹어 노화가 진행되면 뇌도 함께 늙어갑니다. 뇌의 인지능력이 떨어져서 새로 배운 것을 기억해 내는 힘은 점점 저하되지만 지혜나 지식, 경험은 나이를 먹을수록 축적됩니다. 오랫동안 지식이나 경험이 계속 쌓이다 보니 삶에서 우러나온 지혜는 오히려 젊은이들보다 뛰어난 경우가 많습니다.

　뇌는 나이와 상관없이 변화하고 발달할 수 있습니다. 그러므로 뇌를 잘 알고 관리하면 노화의 속도를 늦출 수 있으며 기억력도 더 좋아질 수 있습니다. 때때로 생각이 나지 않는 상황과 맞닥뜨릴 때는 나이를 탓하며 포기하지 말고 기억력 향상에 도움을 주는 방법을 찾아 노력해 봅시다.

뇌가 젊어지는 방법

1) 꾸준히 두뇌 활동을 한다 : 손을 사용하여 뇌를 자극하면 좋습니다. 종이접기, 색칠하기, 퍼즐 등을 자주 풀면 뇌의 기능을 향상시킬 수 있습니다.

2) 몸을 움직인다 : 유산소 운동이나 근육 운동을 늘립니다. 근육 운동뿐 아니라 사회활동과 긍정적인 사고를 하는 사람은 치매에 걸릴 확률이 낮아집니다. 걷기, 등산, 수영, 명상 등 운동을 꾸준히 합니다.

3) 식사에 신경을 쓴다 : 뇌를 지키기 위해서는 제때에 규칙적으로 식사하고 생선·채소·과일 등을 많이 섭취하며 기름진 음식은 자제하도록 합니다. 특히 비만이 되지 않도록 체중 조절에 신경 써야 합니다.

4) 사람들과 적극적으로 교류한다 : 다양한 인간관계를 유지하고 여러 사람과 교류하도록 노력해야 합니다. 봉사활동 등을 통해 좀 더 다양하고 친밀한 사회적 관계를 맺을 수 있습니다. 홀로 집에만 있지 말고 밖으로 나가서 만나도록 합니다.

머리말

낱말 퍼즐이 유행하기 시작한 것은 상당히 오래 전의 일입니다.

문제를 온전히 다 풀어내기 위해서는 가로세로 열쇠를 다 읽으면서 여러 가지로 정답을 유추해 봐야 합니다. 교차하는 글자가 맞는지 검증도 해봐야 하지요. 결론을 말씀드리자면 낱말 퍼즐을 많이 규칙적으로 풀어보면 기억력 저하 방지 효과가 확실히 있음이 입증되었습니다. 일종의 정신적인 노화 방지라고 볼 수 있습니다.

2019년에 발표된 연구 자료에 따르면, 영국에서 50세~90세를 대상으로 19,000명을 테스트한 결과, 규칙적으로 퍼즐을 푸는 사람은 그렇지 않은 사람보다 단기 기억은 8년, 문법적 추론 능력은 10년 더 젊다는 결과를 얻을 수 있었습니다.

그뿐 아니라 낱말 퍼즐을 풀면서 상식과 어휘 실력도 기를 수 있으니 성취감을 맛볼 수 있습니다.

스마트폰의 부작용으로 일상에서 책이 밀려난 후 우리말 맞춤법을 제대로 구사하는 사람이 줄어들었습니다. 퀴즈를 풀다 보면 우리말 맞춤법도 정확해지는 효과도 얻을 수 있습니다.

요즘은 어디서나 휴대폰을 들여다보는 시대입니다. 그야말로 만능 기계지요. 지도도 보고 물건도 사고 책도 읽고 뉴스도 접하고 공부도 할 수 있고…. 편리한 정보를 쉽게 얻을 수 있다는 강력한 장점 때문에 손에서 휴대폰이 떠날 새가 없습니다.

하지만 휴대폰 때문에 잃어버리는 것도 적지 않습니다. 전화번호를 기억할 필요도 없어졌고, 자연히 책도 멀리하게 됩니다. 휴대폰의 편리함을 취하면서도 아날로그 시대의 장점도 잃지 않는 지혜가 필요한 시대입니다. 종이책을 자주 보는 것은 정서적으로 이롭습니다.

이 책을 구입해 주신 독자님께 감사드리며 매일 즐거운 시간 보내시길 바랍니다.

차례

*가장 어두운 밤도 언젠간 끝나고 태양은 떠오를 것이다.
　　　　　　　　　　　　　　　　　　　　　　　－반 고흐

낱말 퍼즐 1

1			2		
			3		4
5		6			
				7	
	8				

가로 열쇠

1 안경이나 망원경 같은 도구 없이 직접 보는 눈.

3 새 영화를 처음 상영하는 곳.

5 사자성어로, 때가 너무 늦어 안타까워하는 탄식.

7 도시에서 멀리 떨어져 교통이 불편한 곳. 산간OO.

8 문장을 읽고 의미를 파악하는 능력. 영어 시험 볼 때 특히 필요한 실력.

세로 열쇠

1 1970년대를 대표하며 역대 최고 인기를 누린 미국 드라마. OOOO의 사나이. 미국 배우 리 메이저스가 주연으로 뚜두두두~ 하는 효과음과 함께 초능력을 발휘함.

2 톱밥과 숯을 뭉쳐 놓은 납작한 불쏘시개. 이것으로 고기를 구워 먹기도 함.

4 고사성어로, 절친한 우정의 대명사. 관중과 포숙의 사귐.

6 스무 개 이상의 나라를 끼고 있는 바다 이름으로, 아프리카와 유럽 사이에 위치함.

낱말 퍼즐 2

1		2			3
				4	
5	6		7		
	8				

 가로 열쇠

1 주로 1980년대에 학생들이 대학 입학을 위해 치렀던 시험.

4 재판이나 스포츠 경기에서 잘못 심판함.

5 고사성어로, 반딧불로 책을 읽고 눈(雪)에 반사된 달빛으로 공부를 함. 불우한 환경에서도 열심히 공부함.

8 지금까지 들어본 적이 없는 드문 일.

세로 열쇠

1 학생의 보호자를 의미하는 말.

2 고구려 유민 출신으로 당나라의 장수가 되어 서역 원정을 갔던 분.

3 사자성어로, 대화를 나누지 않아도 서로 마음이 통함.

6 경기나 승부에서 이전의 패배를 되갚아 주려고 싸우는 것.

7 〈심청전〉에서 심청이가 아버지의 눈을 뜨게 하기 위해 본인을 제물로 바쳐서 받게 된 쌀.

정답
22

9

* 가장 작은 숫자는? ⑫ ⑦ ㉛ ⑤

낱말 퍼즐 3

1		2		3
		4	5	
6	7			
	8			
9			10	

10

가로 열쇠

1 처음 만나서 자기 이름을 소개함.

4 주식 가격이 하루 올라갈 수 있는 최고치.

6 온전한 동그라미가 아니라 약간 찌그러진 것.

8 도시의 큰 도로를 끼고 있는 번화한 지역.

9 지우기 어려운 수치스러운 평판. 불에 달궈 찍는 쇠 도장.

10 당장 처리하지 않고 나중으로 미룸.

세로 열쇠

1 1970년대 청년 문화의 상징으로 사랑받았던 악기. 간첩조차도 이것을 배우고 내려온다는 얘기가 있었음.

2 눈을 감고 평온한 마음으로 잡생각을 하지 않음. 요즘 유행하는 힐링 요법.

3 일하지 않는 한가로운 시간.

5 남의 흉내를 내다가 본래 자기의 특성을 잊어버림.

7 문명을 알지 못하고 미개한 수준으로 사는 사람.

정답
5

11

낱말 퍼즐 4

1			2	
			3	4
5	6			
	7		8	
9				

 **가로 열쇠**

1 맑은 날은 밭을 갈고 비가 오면 책을 읽음. 주경야독과 비슷한 말.

3 서로 자기가 옳다고 입으로 싸움.

5 마음에 품은 생각. 오랜만에 친구를 만나면 이것을 푼다.

7 사람이나 사물을 대신 가리키는 말. 영어를 처음 공부하면 배우는 단어. I, We, You 등.

9 무모하고 쓸데없이 부리는 용기.

세로 열쇠

1 국가기관에서 어떤 결정을 내리기 위해 관계자나 제삼자를 출석시켜 의견을 듣는 일.

2 남을 비방하는 말 혹은 맞는 말이지만 거칠게 표현하는 말.

4 직업이나 직장을 바꿈.

6 아기를 업을 때 쓰는 작은 이불. 순수 우리말인데 미국에서도 이것이 판매되어 단어까지 수출됨.

8 사람이 태어난 생년월일과 시간을 나타내는 말. 또는 그것으로 점을 치는 일.

정답
E

*장미는?

낱말 퍼즐 **5**

1			2	
			3	4
5	6			
			7	
8				

14

가로 열쇠

1 물려받은 재산 없이 혼자 힘으로 집안을 일으킴.

3 부모를 닮지 않음. 본인을 겸손하게 일컫는 말. OO소자.

5 결혼식 때 신부가 머리에 쓰는 얇은 헝겊.

7 한 작가의 작품을 모아 여러 권으로 출간한 것.

8 귀, 코, 목을 가리키는 말. OOOO과.

세로 열쇠

1 1970년대에 졸업하는 학생들이 먹었던 특별했던 음식.

2 가진 돈이 없어서 월급의 일부를 미리 받는 것.

4 1970년대 새마을운동 때 사라지게 된 옛날식 주택.

6 형태는 비슷하지만 실체는 다른 것. OOO 종교가 뉴스에 많이 나온다.

7 앞과 뒤. 처음과 나중.

정답

*여름에 해당하는 그림은?

낱말 퍼즐 6

1		2		3	4
		5	6		
7	8				
	9				

 **가로 열쇠**

1 원숭이의 한 종. 침팬지나 오랑우탄보다 체격이 큰 편.

3 하루 주식 시장이 마칠 때 주식의 가격.

5 어린이가 작은 돌을 가지고 땅바닥에서 노는 영역 확장 놀이.

7 훌륭한 군 지휘관 또는 노련한 장인(匠人)을 가리키는 말.

9 오리과에 속하는 겨울 철새.

세로 열쇠

1 한 손으로는 박수를 칠 수 없다. 혼자서는 일을 성취하기 어려움 또는 상대가 없으면 싸움이 되지 않음을 뜻하는 한자성어.

2 라면처럼 꼬불꼬불한 과자. 1970년대에 10원이나 20원에 살 수 있었던 간식거리.

4 건조한 실내에 습기를 더해주는 가전제품.

6 겨울 철새로 멸종위기종. 체격이 크며 몸은 희고 부리는 검고 아주 길다.

8 글자를 새긴 말을 판 위에서 움직여 하는 전쟁 놀이. 초한 대결.

정답

낱말 퍼즐 7

1	2		3		4
5		6			
		7		8	
	9				

가로 열쇠

1 몸을 씻거나 빨래할 때 쓰는 고체 덩어리.

3 마실 수 있는 물이나 액체.

5 1970~80년대에 정치적인 또는 사회적 통념에 맞지 않는다는 이유로 부르지 못하게 했던 노래.

7 음악이나 미술, 무용 등을 가르치는 학교.

9 체격이 크고 힘이 센 사람. 씨름선수를 가리키기도 함.

세로 열쇠

2 배고프던 시절엔 간식으로 먹었던 눌은밥.

3 옛날 조상님들이 사용하던 달의 움직임을 기준으로 한 역법.

4 깊은 우정. 삼국지에서 유비가 제갈량을 얻은 기쁨을 비유한 말. 물고기가 물을 얻은 것과 같다는 성어.

5 거문고와 비파를 의미하는데 좋은 부부 사이를 나타냄. '금실'이라고 잘못 말하는 사람이 많음.

6 서커스단에서 줄타기나 묘기 같은 재주를 보여주는 사람.

8 1980년대까지 존재했던 군사교육을 받는 학생 조직. OO호국단.

정답

＊9시에 해당하는 그림은?

낱말 퍼즐 8

1			2		3
4			5		
		6			
	7				

 **가로 열쇠**

1 조선 말기처럼 백성들에게 너무 가혹하게 세금을 징수하는 일.

4 승부를 겨룰 때 쓰는 말로, 거의 차이가 없음. 얇은 얼음.

5 체면이나 부끄러움을 무시하고 자기 마음대로 행동함.

7 안개가 짙게 깔려 있어서 앞을 볼 수 없음. 어떤 일을 파악하기 어려움.

세로 열쇠

1 얼굴이 예쁜 사람은 불행하거나 명이 짧다는 사자성어.

2 유럽을 일컫는 한자어.

3 두꺼운 종이로 접은 것을 바닥에 놓고 다른 것으로 쳐서 뒤집는 놀이. 영화 〈오징어게임〉에서 공유와 이정재 배우가 전철 승강장에서 귀싸대기 맞기 내기를 한 게임.

6 일반적인 관례보다 지나치게 많은 이득. ~를 취하다.

정답

낱말 퍼즐 9

	1			2
3			4	
	5	6		
7			8	
9				

 **가로 열쇠**

1 타인을 부추겨서 나쁜 짓을 하게 만듦.

3 봄철에 나무에서 피는 하얀 꽃.

4 덩치가 크고 건강한 아기. 과거엔 선발대회도 있었음.

5 부동산을 중개해 주는 곳. 옛날식 이름.

8 부처님의 가르침을 적은 책.

9 중국 고대 시황제가 지은 호화찬란한 궁궐.

세로 열쇠

1 군사정권 시기 남녀 학생들이 군사훈련을 받을 때 입던 옷.

2 어떤 일에 몰두하여 자기자신을 잊어버리는 경지.

4 친구처럼 도움을 주고받는 다른 나라.

6 서울 정동에 있는 조선시대 궁궐.

7 아기를 돌보아 기르는 일.

8 사람이 마땅히 지켜야 할 도리에서 벗어남. 내가 하면 로맨스, 남이 하면 OO.

정답

낱말 퍼즐 **10**

1		2		3
			4	
5				
		6		7
	8			

 **가로 열쇠**

1 사람이라면 누구나 가질 수 있는 생각.

4 오래 생각함. OO 끝에 악수가 나온다는 말도 있음.

5 런던의 빅벤처럼 시간을 알려주는 건축물. 대개 역 앞 광장에 많이 있음.

6 귀금속의 순도를 판단하는 데 쓰는 암석.

8 검정 교복을 입던 시절, 검정색에 대한 반항으로 졸업식 때 뿌리던 가루.

세로 열쇠

1 1980년대 초 김홍신 씨의 장편소설로, 사회의 모순을 폭로한 초베스트셀러. 사회 비판적인 메시지.

2 학문에 몰두하는 것. 대학교를 가리키는 말. 농촌에서 자녀의 비싼 등록금이 부담되어 우골탑이란 말도 생겨났음.

3 생각을 처음 작성한 다듬어지지 않은 원고.

4 학업 성적이 우수한 학생에게 지급되는 돈.

6 떡을 찌는 데 쓰는 둥근 질그릇. 바닥에 구멍이 여러 개 있음.

7 성적의 순서, 차례.

정답

다람쥐 먹이를 찾아서

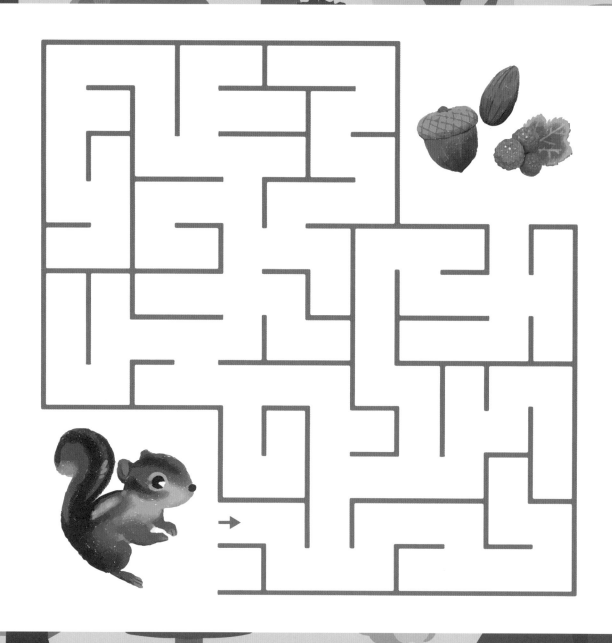

SUDOKU
스도쿠

1

5	6	1	7	8	4	3	9	
8	7		3		2	5	6	4
2	3	4	6	5	9		7	1
6	8	7		2	5	1	3	9
1	4	2		6	3	7	8	5
	5	3	8	7	1	4	2	
3	2	8	5	4			1	
4	9	6	1	3	7	2		8
7		5	2	9	8		4	3

＊몸이 아플 때 가는 곳은?

낱말 퍼즐 11

1			2		
			3	4	
5	6				
				7	
	8				

 **가로 열쇠**

1 외모는 부드러워 보이지만 내면은 강하고 굳셈.

3 사람을 닮은 원숭이 부류를 가리키는 말.

5 용이 되지 못하고 물에 사는 전설상의 큰 구렁이.

7 정신을 빼앗겨 미혹되지 않음. 공자님이 나이 40을 가리켜 일컫은 말.

8 꽃이 만발한 봄의 절정. "노세노세 젊어서 놀아. 늙어지면은~" 이 노래 뒤쪽에 나오는 가사.

세로 열쇠

1 1970년대를 주름 잡은 무협영화, OOO시리즈. 한쪽 팔을 잃은 사나이의 복수극.

2 〈삼국지〉에서 제갈량의 총애를 받았고, 제갈량이 사망한 후에는 촉나라의 군권을 책임진 장수.

4 정신을 잃어 의식이 없는 상태.

6 대한민국을 상징하는 꽃.

정답

29

*먹을 수 없는 것은?

낱말 퍼즐 **12**

1			2		3
4		5			
				6	
		7			

 **가로 열쇠**

1 청각 장애를 가진 사람들을 위해 손을 움직여 전달하는 언어.

2 탈것이나 기계를 새로 만들어 본격 가동하기 전에 시험삼아 운행하는 것.

4 부모 대에는 없던 특이한 형질이 나타나는 것.

7 노동자와 자본가 사이에 위치하는 계층. 일반 서민.

세로 열쇠

1 여러 사람이 둥글게 둘러앉아 있고, 술래가 가장자리를 돌다가 누군가의 등 뒤에 수건을 놓는 놀이.

2 남편의 여동생이나 누나를 가리키는 말.

3 고층빌딩의 꼭대기 층 혹은 주변보다 높은 위치에 설치하여 멀리 살펴볼 수 있는 곳.

5 발전소에서 생산된 전력의 전압을 변환시키는 곳.

6 시리아 · 소말리아와 같이 전쟁, 박해, 기근 등을 이유로 모국을 떠나는 사람들.

정답

※ 사람이 탈 수 없는 것은?

낱말 퍼즐 13

1		2		3	
		4			
5	6		7		8
	9				

 **가로 열쇠**

1 음력 11월을 가리키는 말.

3 임금님의 얼굴.

4 꼬리가 아홉 달린 여우. 교활한 여자를 비유하는 말.

5 탈없이 평온한 날. 문어체 단어.

7 배가 닻을 내리고 머물 수 있는 곳.

9 단어를 기능, 형태, 의미에 따라 분류한 것. 영어에는 여덟 가지가 있음.

세로 열쇠

1 예전에 작은 규모의 영화관에서 두 개 이상의 영화를 상영한 것.

2 소나 말이 끄는 짐수레. "소 OOO 덜컹대던 길~."

3 용과 호랑이의 싸움. 강한 자들끼리의 대결.

6 품질이나 솜씨가 매우 뛰어남.

8 아주 급함. 서둘러 처리해야 함. OO전보.

＊음식을 보관하는 곳은?

낱말 퍼즐 14

1		2		3	
		4	5		6
7	8				
	9				
				10	

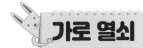 **가로 열쇠**

1 1970년대에 조용필 씨가 부른 히트곡의 이름. "돌아와요 ○○○에~". 이 곡은 일본에서도 대형 히트를 기록함.

4 바다나 호수를 메워 육지로 만드는 작업.

7 풍족한 재산도 가지고 사회적 지위도 갖춤. ○○영화를 누리다.

9 영국 런던에 있는 세계적인 경매소. 골동품·미술품 등을 취급함.

10 빨간 무라고도 불리는 채소.

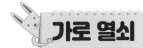 **세로 열쇠**

1 부자가 더욱 부유해짐.

2 보통 사람들 사이. 길거리.

3 소를 키우는 곳. 외양간.

5 대원군이 쇄국정책을 밀어부치면서 전국 곳곳에 세운 비석.

6 기존 정보를 최신의 것으로 바꿈.

8 제비나 꿀벌처럼 자신의 보금자리로 돌아오는 성질.

정답

낱말 퍼즐 15

1		2			3
				4	
5	6				
			7		8
9					

 **가로 열쇠**

1 손뼉을 치며 크게 웃음.

4 윗사람이 못마땅하게 생각해 아랫사람에게 화를 냄.

5 세 명이 말처럼 밑에서 받치고 한 사람이 위에 올라탐. 다른 조와 모자 뺏기 싸움을 함.

7 바다에서 나는 물고기, 조개, 해초 등을 통칭하는 말.

9 군사정권 시절 데모하는 군중을 진압하기 위해 쏘았던 화학무기.

세로 열쇠

1 1970년대 프로레슬링 최고 스타였던 김일의 주무기.

2 절에서 중심이 되는 본존불상을 모신 법당.

3 공화국이 아닌 군주가 다스리는 정치.

4 프로레슬링 선수였던 김일의 스승. 일본에서 스모와 프로레슬링에서 대활약했던 선수.

6 너무 높아서 하늘을 찌를 것 같은 고층건물.

8 물줄기를 발사하는 어린이 장난감.

정답

낱말 퍼즐 16

1		2		3	4
5					
6	7			8	
			9		

 **가로 열쇠**

3 음식을 불에 익히지 않고 날것으로 먹음.

5 과거의 잘못을 반성하고 착하게 바뀜.

6 11억 명 이상의 신자를 가진 세계적인 종교. 인도·네팔을 중심으로 분포됨.

8 법원이 피고인이나 증인 혹은 관계자를 특정한 장소로 나오라고 명령함.

9 여러 강대국을 일컫는 말.

 **세로 열쇠**

1 행동이 얄밉고 되바라진 사람. 1970년대 하이틴 스타 이승현의 영화에 공통으로 들어간 단어. 〈고교OO〉, 〈대학OO〉, 〈OO행진곡〉.

2 맹자 어머니가 아들의 교육을 위해 세 번 이사한 일. 맹모OOOO.

4 아는 것이 힘이 아니라 오히려 병이 되는 경우.

7 머리에 쓰는 수건이나 헝겊.

8 혼란이나 좋지 않은 상황이 잠잠해짐. OO 상태가 되다.

정답

낱말 퍼즐 17

1					2
			3		
4	5				
				6	
7			8		
			9		

가로 열쇠

1 톨스토이나 헤밍웨이처럼 훌륭한 문학작품을 많이 쓴 작가.

3 칠월 칠석에 까마귀와 까치가 만든 다리.

4 집에 책이 아주 많아서 수레에 실으면 소가 땀을 흘리고 집에 쌓아올리면 대들보까지 닿음.

6 사람의 힘으로 곡식을 찧거나 떡을 치는 데 사용되던 우묵한 통.

7 쇠귀에 경 읽기. 아무리 가르쳐도 소용없음.

9 가을에 밤과 낮의 길이가 같은 날.

세로 열쇠

1 어떤 분야에 대해 잘 모르는 사람. 문 밖에 있는 사람.

2 우리나라에서 프로야구가 출범하기 전 큰 인기를 누렸던 야구 경기. 황금사자기, 봉황대기 등 대회 있었음.

3 화투 그림에서 11월에 해당하는, 속칭 똥이라 부르는 식물. OO나무.

5 어리석은 노인이 산을 옮긴다. 어리석어 보여도 꾸준히 하면 큰일을 이룰 수 있다.

8 목뼈를 가리키는 말.

정답

＊채소로 분류되는 것은?

낱말 퍼즐 18

1		2			3
				4	
	5				
6				7	
	8		9		

＊채소로 분류되는 것은?

 **가로 열쇠**

1 강하고 발전된 나라가 약소국을 정복하여 세력을 키우려는 경향. 지난날 유럽 강대국들의 성향.

4 아버지는 같고 어머니는 다름. OO형제.

5 전등이나 등불을 끔.

6 하늘에서 세상으로 내려옴. 천사의 OO.

7 브라질 흑인들의 대표적인 춤이나 노래.

8 모래 위에 지은 건물. 토대가 약한 것.

세로 열쇠

1 여러분. 연설자가 아랫사람들을 다소 높여 부름.

2 뭔가 빨리 지나감. 달리는 말을 타고 보는 등불.

3 배고픔. 배 속이 비어 있는 상태.

4 운동회 때 둘이서 나란히 한쪽 발을 묶고 마치 다리가 세 개인 것처럼 달리는 경기.

5 중국 허난성에 있는 절. 권법과 무술을 가르쳐서 무협영화의 배경이 됨.

9 여러 번, 반복하여.

정답

43

*가장 큰 어종은?

낱말 퍼즐 19

1		2		3	
		4			
	5				
6					
7			8		
		9			

가로 열쇠

1 수만년 전 지구상의 온도가 추워서 해수면이 낮고 육지가 더 넓은 시기.

4 위에서 명령하면 아랫사람은 복종함.

5 낮은 지위나 한직으로 발령받음.

7 여자의 얼굴을 가리는 얇은 천.

9 아무것도 모르는 어리석은 사람.

[예] 저 같은 촌 ○○○○가 뭘 알겠어유?

세로 열쇠

1 홋카이도를 배경으로 한 미우라 아야코의 소설. 한국에서도 1970, 80년대에 베스트셀러였고 여러 번 영화와 드라마로 제작됨.

2 생각이나 발상이 쉽게 떠올릴 수 없을만큼 엉뚱하고 기발함.

3 삼가 새해를 축하함. 신년 인사로 흔히 쓰는 문장.

6 셰익스피어의 4대 비극 중 하나. 마녀의 묘한 예언을 들은 장군은 왕이 되고 싶다는 야망을 품는다.

8 널리 알려져 있음. ○○의 사실.

정답

낱말 퍼즐 20

1		2			3
4	5				
	6				
			7		
8		9			
		10			

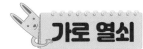 **가로 열쇠**

2 1970년대의 TV 만화영화. 돌고래를 타고 다니는 소년. 주제가 "바다의 왕자 OOOO 푸른 바다 밑에서 잘도 싸우는~"

4 책의 처음 부분. OO 에세이.

6 그리스 신화에 나오는 괴물. 원래는 예쁜 소녀였으나 저주를 받아 머리카락이 뱀으로 됨.

7 재무 예산의 결과를 평가하는 일. 일정 기간 내의 수입과 지출을 계산해서 재무 상태를 알 수 있도록 한 것.

8 남에게 입은 은혜를 뼈에 새겨서 잊지 않음.

10 음식에 매운 맛이나 향기를 더하는 조미료. 고추 · 후추 · 겨자 등.

세로 열쇠

1 코믹권법의 창시자 성룡의 1979년 한국 개봉 무술 영화. 술 마시고 적을 상대하는 독특한 설정.

3 헤어졌다가 만나고 모였다가 흩어짐.

5 도시와 멀리 떨어진 인적이 적은 시골.

8 교련복을 입을 때 무릎 아래, 신발보다 위에 차는 것.

9 고향을 그리워하고 생각함.

정답

오징어를 찾아서

SUDOKU
스 도 쿠

2

1		4		3	6	7	9	2
3	8	7	2		9	4	6	
6		2	7	5	4	8	1	
4		8	9	6	5		3	7
2		3	4		1	5		9
	7	9		2		6	4	1
8	4	1		9	2	3	7	6
9	3	5	6	4			2	8
7			1	8	3	9		4

낱말 퍼즐 21

1		2			3
4					
				5	
			6		
7					
		8			

 **가로 열쇠**

2 아시아 축구 강국 이란의 예전 이름.

4 취할만한 좋은 점. 가치.

5 그것이 맞다고 인정함.

7 이순신 장군의 3대 해전 중 마지막을 장식한 싸움. OO해전.

8 손자병법에 나오는 유명한 이야기. 지피지기면 OOOO. 적을 알고 나를 알면 백번 싸워도 위태롭지 않다.

세로 열쇠

1 한국인이 가장 즐기는 커피 종류. 이탈리아어로 '미국인'이라는 뜻.

2 폴리에틸렌을 재료로 하는 흔히 볼 수 있는 일회용 병.

3 내 논에 물 대기. 이기적인 행동.

6 기계화 부대와 항공 전력의 결합으로 신속하게 진격을 하는 전술. 2차대전 독일군과 중동전의 이스라엘군이 구사함.

정답
13

낱말 퍼즐 22

1		2		3	
		4			
	5				
			6		7
8					
			9		

가로 열쇠

1 한양 도성의 남쪽 관문. 남대문의 정식 명칭.

4 사슴을 가리켜 말이라고 우김. 사실이 아닌 것을 인정하도록 강요함.

5 어떤 지역을 차례로 방문함.

6 눈을 깜빡할 사이. 아주 짧은 시간.

8 얼마 안 가서. 가까운 시일 내에.

9 조선시대에 일본과의 대등한 외교 원칙으로 파견한 대규모 방문단. 조선 OOO.

세로 열쇠

1 누룽지에 물을 붓고 끓인 것. 우물에서 OO 찾기.

2 양 문설주 아래 가로로 댄 나무.

3 하는 일 없이 밥만 축냄.

5 배가 가는 쪽으로 돛에 바람이 가득함. 일이 아주 순조롭게 진행됨.

7 의사의 진료를 도우며 환자를 돌보는 직업.

정답
26

낱말 퍼즐 23

1		2			3
				4	
		5	6		
	7				
	8				

가로 열쇠

1 교양과 품위가 있으며 정숙한 여성.

4 역사로 기록되기 이전의 시대. OO시대.

5 화폐가 발달하기 전 물건과 물건을 직접 바꿔 거래하는 것.

8 까무러칠 정도로 크게 놀람.

세로 열쇠

1 1970년대의 인기 애니메이션. 사람은 아니지만 사람이 되고 싶은, 어두운 곳에서 악당들을 물리치는 3인조 인조인간. 뱀, 베라, 베로.

2 녹두에 물을 주어 싹이 나게 한 나물. 쌀국수에 넣어 먹음.

3 삼국지의 제갈량이나 사마의처럼, 직접 싸우지는 않고 작전을 짜고 군대를 통솔하는 사람.

4 개성시에 있는 돌다리. 고려의 충신 정몽주가 죽임을 당한 곳.

6 나를 잊지 마세요라는 꽃말을 가진 꽃.

7 민법상의 권리나 사실을 장부에 기록하는 것. 부동산을 취득하면 이것을 해야겠지요.

정답

2

낱말 퍼즐 24

1		2			3
4			5		
6		7			
		8			

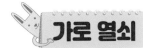 **가로 열쇠**

1 원자폭탄의 재료가 되는 은백색의 금속.

4 차를 달이고 접대하며 마시는 예의범절.

5 뽕나무과의 낙엽활엽관목. 꽃이 피지 않는 과일.

6 삼국지의 도원결의처럼 의리로써 형제와 같은 관계를 맺음.

8 선전이나 안내를 위해 긴 천에 글을 써서 매단 것.

세로 열쇠

1 1970년대에 방영되어 수많은 어린이들의 눈에 눈물을 쏟게 한 애니메이션. 네로, 아로아, 파트라슈.

2 마음에 있는 것을 드러내 표현함.

3 1978년에 데뷔하여 여러 히트곡을 낸 그룹. 대표곡으로는 〈한동안 뜸했었 지〉〈장미〉〈뭐라고 딱 꼬집어 얘기할 수 없어요〉 등.

5 전쟁에서 장수가 이기고 지는 운수. ○○을 빈다.

7 여러 현명한 분들. "독자 ○○께 감사드립니다."

정답
5

 +  = ☐

낱말 퍼즐 25

1			2		3
			4		
5	6				
				7	
8					
		9			

가로 열쇠

1 뿔 가진 자는 이빨이 없다는 한자성어. 한 사람이 여러 가지 재주를 모두 가질 수는 없음.

4 어떤 부정적인 사건을 저지른 바로 그 사람.

5 지방분을 제거하고 소독된 솜.

7 책임이나 무게가 더 무거워짐.

8 여러 가지 경험을 함. "그의 화려한 여성 OO은 다들 아는 사실이었다."

9 품성과 행실이 반듯하고 단정함.

세로 열쇠

1 만화가 허영만 씨의 1974년 출세작. 전통 탈을 쓰고 주먹으로 저항하는 협객의 이야기.

2 잘 손질하여 곱게 꾸밈.

3 속마음을 감추고 고난을 견디면서 신중하게 행동함.

6 오래 지속하고 버티어내는 힘.

7 형기를 마치지 않은 모범적인 죄수를 미리 풀어주는 처분.

정답
4

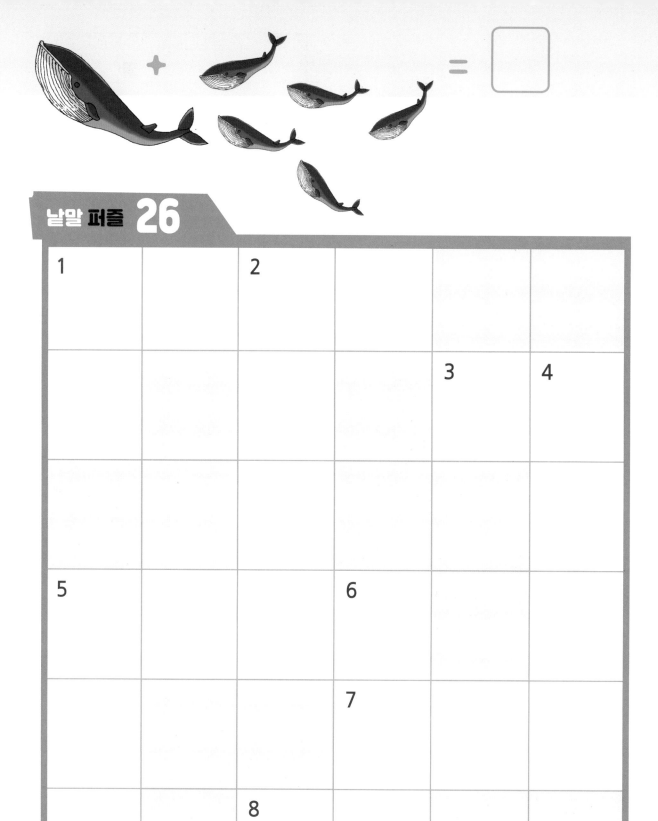

1		2			
				3	4
5		6			
		7			
	8				

가로 열쇠

1 까마귀 날자 배 떨어진다. 상관관계가 없지만 같은 때 일어나서 의심받는 상황.

3 이름을 밝히지 않음.

5 왕실과 나라를 아울러 일컬음. 사극에서 자주 나오는 말.

7 유럽연합 회원국들이 사용하는 화폐.

8 법률이나 규칙을 잘 지킴. ○○정신.

세로 열쇠

1 1980년대 초 하시다 스가코의 빅히트 소설이자 아침 드라마. 20세기를 산 파란만장한 여자의 일생. 우리나라에서도 소설로 크게 히트함.

2 이미 지나가 버린 일은 어쩔 수 없음.

4 불을 보는 것처럼 명확함.

5 인간세상이 멸망하고 신의 심판이 온다는 종교적 견해.

6 비슷한 모양이나 성질을 표현하는 수사법.

　　예 호동이는 황소처럼 힘이 세다.

정답
6

1		2			3
				4	
5					
	6		7		8
	9				

가로 열쇠

1 재앙이나 불행이 바뀌어 오히려 복이 됨.

4 해외에 나가 공부함.

5 일당백과 비슷한 말. 말탄 병사 한 명이 천 명을 당해낸다.

9 가장 많이 팔리는 상품. 제일 잘 팔리는 책.

세로 열쇠

1 1980년대에 농촌 마을을 배경으로 최불암, 김수미, 김혜자, 유인촌 등이 등장했던 국민 드라마.

2 외모와 기세가 남을 압도할 만큼 위엄이 있음.

3 1980년대의 TV 프로그램으로 저명한 문학가의 소설을 드라마로 보여줌. 'TV OOO'

6 삼에서 뽑아낸 실로 짠 옷감.

7 원반 모양의 과녁에 손으로 화살을 던져 맞추는 게임.

8 실수, 잘못. 컴퓨터를 다루다가 OO 메시지가 뜨면 기분이 좋지 않지요.

정답
3

1				2	
		3			4
5	6				
			7		
8					

 **가로 열쇠**

1 1970년대를 대표하는 황석영 작가의 대표작. 영화와 TV문학관으로 만들어짐. 가상의 지명이 포함됨.

3 같은 곳에서 잠을 자지만 다른 꿈을 꾼다. 함께 행동하지만 속셈은 다르다는 비유.

5 물건을 사고 파는 상업적인 행위.

7 시세가 올라갈 가능성이 높은 주식. 발전 가능성이 높은 사람의 비유.

8 달이 태양을 가려서 완전히 보이지 않는 현상.

세로 열쇠

1 우주에 있는 온갖 사물과 현상.

2 모르는 길을 안내해주는 사람이나 사물. 입문서의 제목으로도 흔히 사용됨.

3 우리나라 제2의 도시 부산의 옛날 이름.

4 여러 장의 부분 사진을 결합시켜 한 화면에 넣은 것. 목격자의 진술에 따라 범인의 얼굴을 재구성한 것.

6 입에 올리기 민망한 것, 혹은 얼른 생각이 나지 않을 때 그것을 말하는 대명사.

7 지식이 풍부하고 식견이 있음.

정답
5

1		2			3
		4		5	
6	7				
			8		9

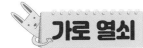 가로 열쇠

1 바둑에서 큰 세력은 쉽게 죽지 않는다는 말.

4 나가면 장수요 들어오면 재상이라는 뜻으로, 문관과 무관을 겸한다는 말.

6 눈 위를 미끄러지듯 빨리 이동하는 스포츠.

8 여자들이 사내를 부르는 옛날식 표현.

세로 열쇠

1 군사정권 시절에 영화관에서 영화가 시작하기 전에 보여주던 것.

2 좀처럼 세상에 나타나지 않는 출중한 사람.

3 아랫사람이 윗사람을 무시하고 눌러버림.

5 수다스럽게 입을 잘못 놀림. OOO을 떨다.

7 야구에서 2루를 가리키는 용어. 2루수와 유격수의 합작 플레이를 보여줄 때 OOO콤비라고 말함.

8 특정 짐승이나 물고기를 너무 많이 잡음.

9 대기 중에 소량으로 존재하는 가스 상태의 원소. 광고판에 사용됨.

정답
6

67

 ×  = □

1			2		3
			4		
5	6				
				7	
8			9		
			10		

가로 열쇠

1 버스에서 차비도 받고 원활한 운행을 위해 일하던 여성.

4 옥수수의 알맹이. 불량배가 치아를 이렇게 부르기도 함.

5 모든 일은 결국 올바른 위치로 돌아감.

7 재주와 기량이 월등히 뛰어난 아이. 모차르트는 음악의 OO.

8 못된 것들의 뿌리를 뽑아 완전히 없애버림.

10 윗사람의 지시에 무조건 따르는 사람.

세로 열쇠

1 트럭을 밧줄로 연결하여 입에 물고 당기는 묘기를 하는 사람.

2 닭고기 튀김을 양념장에 버무린 것.

3 남들과 사이 좋게 지내지만 자신의 주관을 잃지 않음.

6 인쇄가 아닌 손으로 필기하여 만든 책.

8 치료를 위해 몸에 땀을 냄.

9 화초, 과일, 채소를 가꾸고 재배하는 일.

정답
12

달을 찾아서

③

6	8	5	1			7	3
	3	4	9	8	6	2	1
2	4	1	7	6		5	9	
	5	2	1		6	9	3	7
4	1	7			9	8		5
	3	9	8	7	5	1		2
3		6	2	8	1	7	5	4
7			6	3			1	9
1	2			5	7	3	8	

낱말 퍼즐 31

1					2
			3		
4	5				
6			7		8
			9		

가로 열쇠

1 무시하여 중요하지 않게 여김.

3 전체를 모두 포함시킴.

4 모기를 보고 칼을 뽑아듬. 사소한 일에 발끈 화를 내는 일.

6 큰소리로 떠들고 노래를 불러댐.

9 해협이나 호수 등 멀지 않은 거리를 이어주는 배.

세로 열쇠

1 일본 남부 고치현 원산으로 난폭하여 투견이나 사냥용으로 쓰는 개.

2 밤하늘을 수놓는 수많은 별.

3 총과 칼. 군사적인 무력.

5 찾아오는 사람이 많아 문앞이 시장과 같음.

7 좋은 인연. 부부가 되는 인연.

8 산등성이가 이어진 선.

정답
18

73

※ ⑫ ✦ ⑤ ✦ ⑥ = ☐

낱말 퍼즐 32

1			2		3
			4		
5	6				
			7		8
9					

가로 열쇠

1 1970년대에 큰 인기를 누렸던 남성 듀엣 가수로 대표곡으로는 〈작은 새〉〈편지〉 등이 있음.

4 수단 방법을 가리지 않고 자신의 이익만을 추구하는 사람.

5 약간 작은 조개. 칼국수 메뉴에서 쉽게 찾아볼 수 있음. 간 건강에 이로움.

7 스포츠 대회에서 시합할 상대와 순서를 보여주는 표.

9 처음에 가졌던 마음을 끝까지 유지하는 것.

세로 열쇠

1 어린아이에게 업히라는 뜻으로 하는 말.

2 우리나라의 씨름과 비슷한 일본의 스포츠.

3 우러러 공경하며 모심.

6 더할 나위없이 높고 순수함.

7 강원도 평창과 강릉을 연결하는 큰 고개. 높이는 832m.

8 특정 지역에서 기준으로 삼는 시간.

정답
23

※ ⑨ － ④ － ③ ＝ ☐

1		2		3	4
5					
				6	
		7			
8	9			10	
	11				

 **가로 열쇠**

3 인터넷 검색이나 워드 작업 정도 가능한 저가의 소형 노트북.

5 여러 가지 일도 많고 힘든 사건도 많음.

6 아주 중요한 근거지. 지휘관이 자리잡은 성.

7 물을 가열하고 그 수증기를 냉각시켜 불순물을 제거한 물.

8 고속도로에서 차선 바깥쪽 가장자리 길. 고장 차량이 주차할 수 있음.

10 진한 에스프레소에 우유를 섞은 커피.

11 날마다 달마다 성장하고 향상됨.

세로 열쇠

1 1970년대 청소년층에 폭발적인 인기를 누린 남성 듀엣. 대표곡으로 〈긴 머리 소녀〉〈밤배〉〈일기〉 등이 있음.

2 뼈의 단단한 성분이 약해지고 빈틈이 생기는 질환.

4 천구(天球)의 북극 쪽에 자리하며 그 위치가 변하지 않아서 항해자의 길잡이가 되는 별.

6 폭력과 무질서와 소란스러운 상태를 비유하는 말.

9 좋은 일의 조짐이 있는 날. 경사스런 행사를 치르기에 적합한 날.

낱말 퍼즐 34

1					2
			3		
4	5				
				6	
7			8		
			9		

가로 열쇠

1 세력이 강한 측에서 약자나 개인에게 적당히 구슬려 제시하는 조건.

3 낱개가 아닌 큰 덩어리로 파는 저렴한 가격.

4 싸움에 패배하여 물러났다가 세력을 회복하여 다시 쳐들어옴.

6 서로 터놓지 않고 거리를 두는 마음.

7 바람에 날려 우박이 흩어진다는 뜻. 뭔가가 크게 망가짐.

9 어떤 일을 자기 생각대로 처리할 수 있는 권리.

세로 열쇠

1 1970, 80년대 중고생이 버스 탈 때 내던 종이 승차권.

2 돈을 지나치게 숭배하여 모든 판단의 기준을 돈으로 따지는 생각.

3 어떤 기회나 시기가 찾아옴.

5 16세기 이지함이 지은, 연초에 보는 1년 운세책.

8 여기저기 흩어져 존재함.

정답

5

낱말 퍼즐 35

1			2		
					3
		4		5	
6					
		7			8
9					

가로 열쇠

1 7080 시대 목마른 청소년들에게 오아시스가 되어준 연예 주간지의 대명사.

4 큰 나라는 받들어 모시고 여타 이웃나라는 평화롭게 교류함.

6 찹쌀로 떡을 만들어 네모로 자르고 떡고물을 묻힌 것.

7 가까이 이웃하는 나라.

9 노래 가사를 바꾸어 부르는 노래.

세로 열쇠

1 남보다 먼저 손을 쓰면 남을 제압할 수 있다.

2 SKY 중에서도 으뜸으로 간주되는 대학.

3 용의 턱 아래 거꾸로 난 비늘. 임금의 노여움을 의미.

4 선조 시대 송강 정철이 지은 가사 문학.

5 전쟁에 참가하고 있는 나라.

8 거들어 도와줌. 어떤 모임에 참가함.

정답
9

낱말 퍼즐 36

1					2
				3	
4		5			
				6	
	7				
8				9	

가로 열쇠

1 〈무소유〉라는 책을 써서 베스트셀러 작가이기도 하셨던 스님.

3 일을 추진할 때 내세우는 구실이나 이유.

4 남의 눈을 피하여 한밤에 달아남.

6 남을 꾀어 좋지 않은 일을 하게 만듦.

7 높은 곳에서 사방을 전망하는 것처럼 보이는 사진이나 그림.

8 원한을 갚거나 승패를 결정하는 싸움.

9 태어날 때부터 타고난 성격.

세로 열쇠

1 1970년대 김희로 사건 등 법정의 실화를 다루어 사회적으로 큰 영향을 미친 MBC 라디오 드라마.

2 사방으로 바쁘게 돌아다님.

5 서양의 골패. 패가 옆의 것을 쓰러뜨리면 계속 연달아 쓰러지는 게임.

6 중국 전한 시대의 역사가로 〈사기〉를 집필함.

7 화투 놀이에서 잘못이 생겨 판이 무효가 되는 것.

정답
20

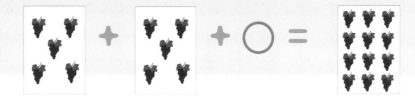

1		2			3
		4			
	5		6		
			7	8	
9				10	

 **가로 열쇠**

1 본업 이외의 일을 해서 얻은 수입.

4 자기가 사는 고장에서 나온 농산물이 체질에 잘 맞음.

5 오늘이나 내일 사이에.

7 소문이 널리 퍼짐. ○○하게 퍼졌다.

9 건물 옥상에 지은 대개 한 가구가 사는 집.

10 중심에서 멀리 떨어져 관심을 받지 못하는 지역.

세로 열쇠

1 개구리밥과의 수초. 정처 없이 떠도는 신세를 비유하여 과거 유행가 가사에 흔히 나옴.

2 몸을 일으켜 출세하여 이름을 떨침.

3 반공 의식 고취를 위해 1970년대 말에 방송된 국산 만화영화. 북한 사람들은 모두 동물로 표현됨.

5 본래는 이집트의 피라미드를 일컫는 말로 후세에 남을 업적을 가리킴.

6 속마음을 꿰뚫어 알아차림.

8 말이 많음. 투머치 토커.

정답
2

85

※ 🍍 − ◯ − 🍍 = 🍍

1		2		3	4
5			6		
			7		
8					
		9		10	
	11				

 **가로 열쇠**

3 어찌된 일, 의외의 일.

5 한마디 말로 사람을 감동시킴, 또는 급소를 찌름.

7 전 국민을 대상으로 한 조사. 인구 OOO.

8 근거 없는 뜬소문.

9 약초를 말려 만든 차.

11 사업을 자신이 직접 경영함. OO업자.

세로 열쇠

1 1980년대 중반 결성된 국내 혼성 밴드. 대표곡으로 〈골목길〉 〈아쉬움〉 등이 있음.

2 부끄러워하지 않고 비위 좋게 구는 일.

4 어떤 의미를 전달하기 위해 사용하는 삽화나 도안.

6 어떤 행동을 하게끔 만드는 자극. 예를 들면 직원의 근로 의욕을 높이거나 구매자의 소비 욕구를 자극하는 것.

9 분수에 넘치고 겉만 화려한 모습.

10 골프 경기에서 휘두르는 첫번째 스윙.

정답
0

※

1		2			3
				4	
		5			
6	7				
			8		9
10					

가로 열쇠

1 술로 연못을 만들고 고기로 숲을 이룬다.

4 비교적 큰 배에 판을 깔아 만든 평평한 바닥.

5 고대 이집트의 왕.

6 힘이 좋은 젊은 남자.

8 1789년 프랑스에서 일어났던 큰 사건. 로베스피에르의 공포정치.

10 물건이 부패하지 않도록 만드는 약제.

세로 열쇠

1 1970년대 잡지 〈어깨동무〉에 연재된 김원빈 만화가의 작품. 오른팔이 특이하게 크고 무적의 힘을 가진 조선시대 소년의 모험담.

2 체격이나 몸매가 잘 발달한 사람.

3 문 위쪽에 다는, 건물의 이름을 적은 널조각.

4 조선 말기 1894년에 이루어진 근대적 개혁운동.

7 고려시대 무신의 난을 일으켜 정권을 잡은 사람.

9 데스크에 놓여 있어서 직위와 성명을 보여주는 것.

정답
4

낱말 퍼즐 **40**

1			2		3
		4			
				5	
6			7		
			8		

가로 열쇠

1 1970년대에 국내에서 방영되고 책으로도 나온 일본 만화. 호랑이 가면을 쓴 프로레슬러.

4 지극히 짧은 시간. 어떤 일이 벌어지는 시간.

5 불교에서 말하는 고통의 인간 세상.

6 아직까지 아무도 가 보지 못함.

8 글씨 연습을 하거나 그림을 그릴 때 위에 덮는 얇은 종이.

세로 열쇠

1 드럼처럼 두드려서 소리를 내는 악기.

2 성모 마리아. 귀부인이나 사모하는 여인을 칭하는 말. 1980년대 데뷔한 미국의 유명 가수.

3 축구에서 골 넣는 곳을 가로지른 기둥.

4 찰기가 있는 쌀의 겉껍질만 벗긴 쌀.

6 책임이나 잘못을 다른 사람에게 떠넘김.

7 종래의 방식을 그대로 따라함.

정답
11

없는 그림 찾기

SUDOKU
스도쿠

4

2	7	4	6	9	5	1	8	3
5		9	8	4	3	7	6	2
8	6	3	7	1	2	5	4	
6	3	1		5	4	9	7	8
9	5	8	1	3	7	4	2	6
	4	2	9	6	8	3	5	1
	9	7	3	8	6	2		
3	2		5	7	1	8	9	4
1	8	5	4				3	7

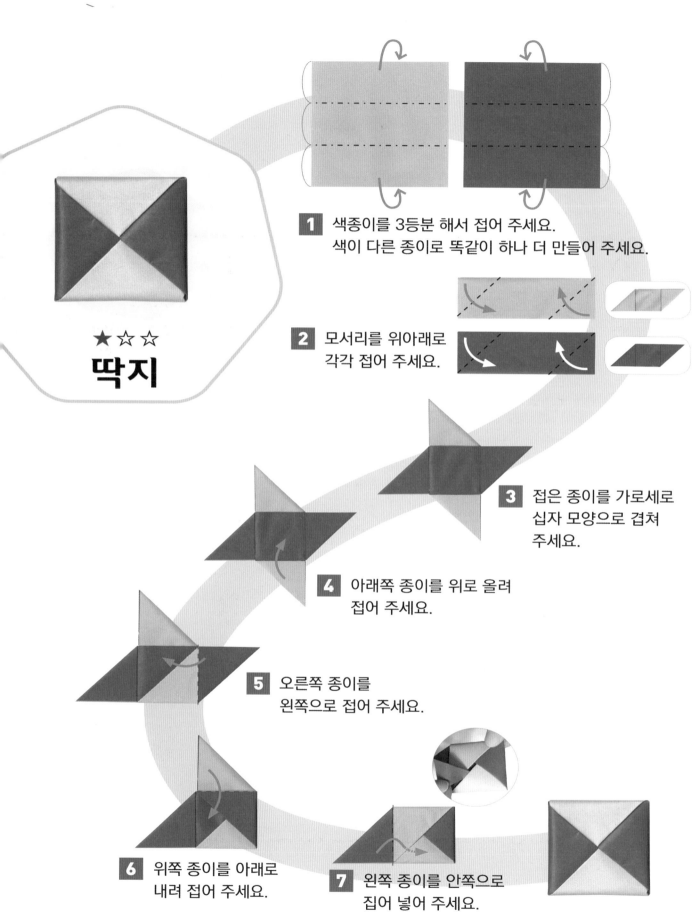

★ ☆ ☆

딱지

1 색종이를 3등분 해서 접어 주세요.
색이 다른 종이로 똑같이 하나 더 만들어 주세요.

2 모서리를 위아래로
각각 접어 주세요.

3 접은 종이를 가로세로
십자 모양으로 겹쳐
주세요.

4 아래쪽 종이를 위로 올려
접어 주세요.

5 오른쪽 종이를
왼쪽으로 접어 주세요.

6 위쪽 종이를 아래로
내려 접어 주세요.

7 왼쪽 종이를 안쪽으로
집어 넣어 주세요.

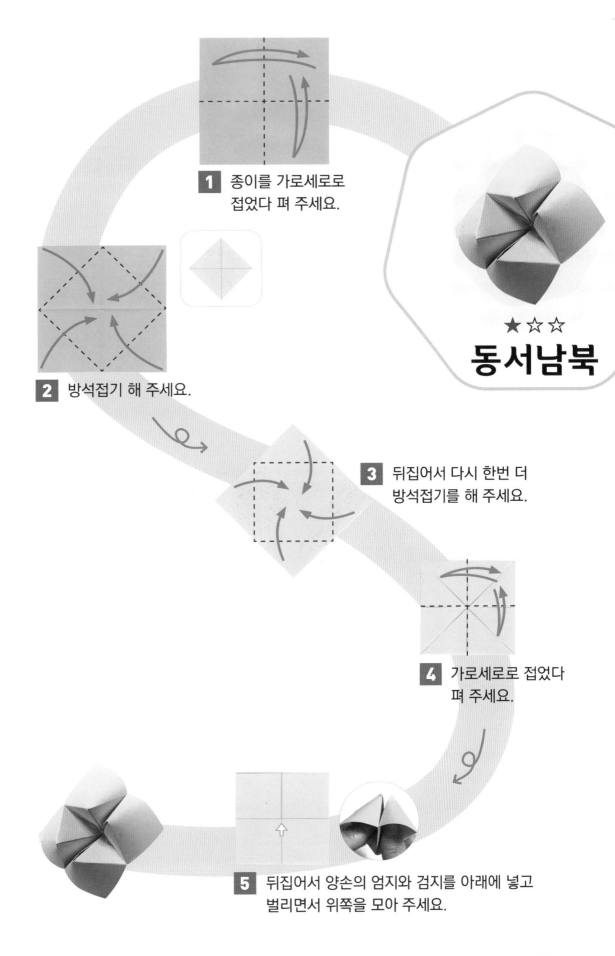

1 종이를 가로세로로
접었다 펴 주세요.

2 방석접기 해 주세요.

★ ☆ ☆
동서남북

3 뒤집어서 다시 한번 더
방석접기를 해 주세요.

4 가로세로로 접었다
펴 주세요.

5 뒤집어서 양손의 엄지와 검지를 아래에 넣고
벌리면서 위쪽을 모아 주세요.

5월

5월 난초 蘭草

붓꽃에 다리
실은 난초가 아니라 붓꽃이다. 붓꽃은 보랏빛 꽃이 피는 습지의 관상식물.
화투에서 보이는 노란 막대는 꽃구경을 위해 만든 산책용 다리이다.

1

¹육	안		²번	
백		³개	봉	⁴관
⁵만	시	⁶지	탄	포
불		중	⁷벽	지
	⁸독	해	력	교

2

¹학	력	²고	사		³이
부		선		⁴오	심
⁵형	⁶설	지	⁷공		전
	욕		양		심
	⁸전	대	미	문	

3

¹통	성	²명		³여
기		⁴상	⁵한	가
⁶타	⁷원		단	
	⁸시	가	지	
⁹낙	인		¹⁰보	류

4

¹청	경	우	²독	
문			³설	⁴전
⁵회	⁶포			업
		⁷대	명	⁸사
⁹객	기			주

5

¹자	수	성	²가	
장			³불	⁴초
⁵면	⁶사	포		가
	이		⁷전	집
⁸이	비	인	후	

6

¹고	릴	²라		³종	⁴가
장		면			습
난		⁵땅	⁶따	먹	기
⁷명	⁸장		오		
	⁹기	러	기		

7

¹비	²누		³음	료	⁴수
	룽		력		어
⁵금	지	⁶곡			지
슬		⁷예	술	⁸학	교
	⁹장	사		도	

8

¹가	렴	주	²구		³딱
인			라		지
⁴박	빙		⁵파	렴	치
명		⁶폭			기
	⁷오	리	무	중	

9

	[1]교	사		[2]무
[3]목	련	[4]우	량	아
	[5]복	[6]덕	방	지
[7]육		수	[8]불	경
[9]아	방	궁	륜	

10

[1]인	지	[2]상	정	[3]초
간		아	[4]장	고
[5]시	계	탑		학
장		[6]시	금	[7]석
	[8]밀	가	루	차

11

[1]외	유	내	[2]강	
팔		[3]유	[4]인	원
[5]이	[6]무	기	사	
	궁		[7]불	혹
	[8]화	란	춘	성

12

[1]수	화		[2]시	운	[3]전
건			누		망
[4]돌	연	[5]변	이		대
리		전		[6]난	
기		[7]소	시	민	

13

[1]동	짓	[2]달		[3]용	안
시		[4]구	미	호	
상		지		상	
[5]영	[6]일		[7]정	박	[8]지
	[9]품	사			급

14

[1]부	산	[2]항		[3]우	
익		[4]간	[5]척	사	[6]업
[7]부	[8]귀		화		데
	[9]소	더	비		이
	성			[10]비	트

15

[1]박	장	[2]대	소		[3]왕
치		웅		[4]역	정
[5]기	[6]마	전			도
	천		[7]해	산	[8]물
[9]최	루	탄			총

16

[1]얄		[2]삼		[3]생	[4]식
[5]개	과	천	선		자
		지			우
[6]힌	[7]두	교		[8]소	환
	건			[9]열	강

17

[1]문	호			[2]고
외		[3]오	작	교
[4]한	[5]우	충	동	야
	공		[6]절	구
[7]우	이	독	[8]경	
	산		[9]추	분

18

[1]제	국	[2]주	의	[3]공
군		마	[4]이	복
	[5]소	등	인	
[6]강	림		[7]삼	바
	[8]사	상	[9]누	각
			차	

19

[1]빙	하	[2]기		[3]근	
점		[4]상	명	하	복
	[5]좌	천	외	신	
[6]맥				년	
[7]베	일		[8]주		
스		[9]무	지	렁	이

20

[1]취		[2]마	린	보	[3]이
[4]권	[5]두				합
	[6]메	두	사		집
	산			[7]결	산
[8]각	골	난	[9]망		
반			[10]향	신	료

21

아		페	르	시	아
메	리	트			전
리		병		시	인
카			전		수
노	량		격		
		백	전	불	태

22

숭	례	문		무	
능		지	록	위	마
	순	방		도	
	풍		순	식	간
조	만	간			호
	범		통	신	사

23

요	조	숙	녀		군
괴		주		선	사
인		나		죽	
간		물	물	교	환
	등		망		
	기	절	초	풍	

24

플	루	토	늄		사
란		로			랑
다	도		무	화	과
스			운		평
의	형	제			화
개		현	수	막	

25

¹각	자	무	²치		³은
시			⁴장	본	인
⁵탈	⁶지	면			자
	구			⁷가	중
⁸편	력			석	
		⁹품	행	방	정

26

¹오	비	²이	락		
싱		왕		³익	⁴명
		지			약
⁵종	묘	사	⁶직		관
말			⁷유	로	화
론		⁸준	법		

27

¹전	화	²위	복		³문
원		풍		⁴유	학
⁵일	기	당	천		관
기		당			
	⁶삼		⁷다		⁸에
	⁹베	스	트	셀	러

28

¹삼	포	가	는	²길	
라				잡	
만		³동	상	이	⁴몽
⁵상	⁶거	래			타
	시		⁷유	망	주
⁸개	기	일	식		

29

¹대	마	²불	사		³하
한		세			극
뉴		⁴출	장	⁵입	상
⁶스	⁷키			방	
	스		⁸남	정	⁹네
	톤		획		온

30

¹차	장		²닭		³화
력			⁴강	냉	이
⁵사	⁶필	귀	정		부
	사			⁷신	동
⁸발	본	색	⁹원		
한			¹⁰예	스	맨

31

¹도	외	시			²기
사			³총	망	라
⁴견	⁵문	발	검		성
	전				
⁶고	성	방	⁷가		⁸능
	시		⁹연	락	선

32

¹어	니	언	²스		³숭
부				⁴모	리	배
⁵바	⁶지	락			
	고		⁷대	진	⁸표
⁹초	지	일	관		준
	순		령		시

33

¹둘		²골	³넷	⁴북
⁵다	사	다	난	극
섯		공	⁶아	성
		⁷증	류	수
⁸갓	⁹길		¹⁰라	테
	¹¹일	취	월	장

34

¹회	유	책		²배
수			³도	매	금
⁴권	⁵토	중	래		주
	정		⁶격	의
⁷풍	비	박	⁸산	
	결		⁹재	량	권

35

¹선	데	이	²서	울
발			울	³역
제		⁴사	대	⁵교	린
⁶인	절	미		전
		⁷인	접	국	⁸가
⁹개	사	곡		담

36

¹법	정	스	님	²동
창			³명	분
⁴야	반	⁵도	주	서
화		미		⁶사	주
	⁷파	노	라	마
⁸결	투		⁹천	성

37

¹부	수	²입			³똘
평		⁴신	토	불	이
초		양			장
	⁵금	명	⁶간		군
	자		⁷파	⁸다	
⁹옥	탑	방		¹⁰변	방

38

¹신		²넉		³웬	⁴일
⁵촌	철	살	⁶인		러
블			⁷센	서	스
⁸루	머		티		트
스		⁹허	브	¹⁰티	
	¹¹자	영		샷	

39

¹주	지	²육	림		³현
먹		체		⁴갑	판
대		⁵파	라	오	
⁶장	⁷정			개	
	중		⁸대	혁	⁹명
¹⁰방	부	제			패

40

¹타	이	거	²마	스	³크
악			돈		로
기		⁴찰	나		스
		현		⁵사	바
⁶전	인	미	⁷답		
가			⁸습	자	지

미로 찾기, 없는 그림 찾기 정답

P. 26

P. 48

P. 70

P. 92

P. 27

5	6	1	7	8	4	3	9	2
8	7	9	3	1	2	5	6	4
2	3	4	6	5	9	8	7	1
6	8	7	4	2	5	1	3	9
1	4	2	9	6	3	7	8	5
9	5	3	8	7	1	4	2	6
3	2	8	5	4	6	9	1	7
4	9	6	1	3	7	2	5	8
7	1	5	2	9	8	6	4	3

P. 49

1	5	4	8	3	6	7	9	2
3	8	7	2	1	9	4	6	5
6	9	2	7	5	4	8	1	3
4	1	8	9	6	5	2	3	7
2	6	3	4	7	1	5	8	9
5	7	9	3	2	8	6	4	1
8	4	1	5	9	2	3	7	6
9	3	5	6	4	7	1	2	8
7	2	6	1	8	3	9	5	4

P. 71

9	6	8	5	1	2	4	7	3
5	7	3	4	9	8	6	2	1
2	4	1	7	6	3	5	9	8
8	5	2	1	4	6	9	3	7
4	1	7	3	2	9	8	6	5
6	3	9	8	7	5	1	4	2
3	9	6	2	8	1	7	5	4
7	8	5	6	3	4	2	1	9
1	2	4	9	5	7	3	8	6

P. 93

2	7	4	6	9	5	1	8	3
5	1	9	8	4	3	7	6	2
8	6	3	7	1	2	5	4	9
6	3	1	2	5	4	9	7	8
9	5	8	1	3	7	4	2	6
7	4	2	9	6	8	3	5	1
4	9	7	3	8	6	2	1	5
3	2	6	5	7	1	8	9	4
1	8	5	4	2	9	6	3	7

어른을 위한 **낱말 퍼즐 2**

초판 1쇄 인쇄 | 2023년 10월 30일
초판 1쇄 발행 | 2023년 11월 10일

지은이 | 건강 100세 연구소
편 집 | 이말숙
제 작 | 선경프린테크
펴낸곳 | Vitamin Book 헬스케어
펴낸이 | 박영진

등 록 | 제318-2004-00072호
주 소 | 07250 서울특별시 영등포구 영등포로 37길 18 리첸스타2차 206호
전 화 | 02) 2677-1064
팩 스 | 02) 2677-1026
이메일 | vitaminbooks@naver.com
웹하드 | ID vitaminbook / PW vitamin

©2023 Vitamin Book

ISBN 979-11-89952-93-8 (13690)

잘못 만들어진 책은 바꿔드립니다.

어르신 레크레이션 북 시리즈

뇌 훈련·간병 예방에 도움되는

쉬운 색칠 그림

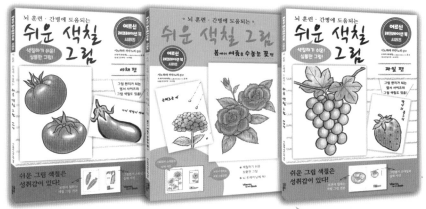

색칠하기 쉬운!
심플한 그림!

1 봄·여름 꽃 편
　마음에 드는 그림을 골라 색칠을 해 보세요.

2 가을·겨울 꽃 편
　색칠을 하면 그대로 그림엽서가 되고 짧은 글도 적을 수 있어요.

3 야채 편
　야채의 특징과 효능, 읽을거리 등 해설과 사진을 첨부하여 더욱 즐겁게 색칠할 수 있어요.

4 봄에서 여름을 수놓는 꽃 편
　봄·여름 개화 순서로 나열되어 있어서 처음부터 색칠해도 좋아요.

5 과일 편
　견본을 보고 똑같이 색칠하는 작업은 뇌가 활성화된다고 해요. 견본을 보면서 색칠해 보세요~

화투는 1월부터 12월까지 1년 열두 달에 해당하는 그림이 각각 4장씩 48장으로 구성되어 있는데 이 책에서는 여러 가지 색상으로 칠할 수 있는 그림을 골라 실었습니다.

1월 송학松鶴, 2월 매조梅鳥, 3월 벚꽃, 4월 흑싸리, 5월 난초蘭草, 6월 모란, 7월 홍싸리, 8월 공산空山, 9월 국진, 10월 단풍, 11월 오동, 12월 비 등

쉽고 간단한 접기를 시작으로, 어렸을 때 한번쯤 접어보았음직한 것들을 위주로 구성.

너무 어려운 것은 제외하고 간단한 접기에서부터 중간 단계의 것을 모아, 접는 방법을 자세히 설명.
헷갈리기 쉽고 어려운 부분은 사진으로 한번 더 설명했으니 서두르지 말고 설명에 따라 정확하게 접어 보세요.

이 책의 특징

화투 그림의 의미

1월부터 12월까지 월별로 각 그림에 담긴 의미를 자세히 설명.

화투 그림 색칠 순서

처음부터 색칠해도 좋고 마음에 드는 그림을 골라 색칠해도 좋습니다.

화투 스티커 붙이기

화투 그림의 전체 모양을 생각하며, 각 스티커의 모양과 색깔을 유추해내고 순서에 맞게 붙입니다.

5		4		7	6	9	3	
6		9	5	3	8	4	2	1
3	8	2	1	9		5		6
4	2		8	1		7	6	
1	9	6				8	5	
7	3			4	5	2	1	9
	4	7	3					
			3	4	8	7	1		9
8		1	9	6	2		4	7

숫자 놀이에 어느새 머리가 좋아집니다!

놀이 삼아 재미있게 가로세로 숫자퍼즐을 풀다 보면 자연스레 사고능력이 향상됩니다. 숫자를 이용한 판단력은 두뇌 발달은 물론 지능 개발, 정보습득 능력과 문제의 이해를 통한 문제해결력 향상을 가져옵니다. 숫자를 이용한 문제풀이로 두뇌가 발달되어 건강한 생활을 유지할 수 있습니다.

어르신 레크레이션 북 시리즈

계속 출간됩니다~ ♥

쉬운 색칠 그림 ① 봄·여름 꽃 편
시노하라 키쿠노리 감수 | 68쪽 | 12,000원

쉬운 색칠 그림 ② 가을·겨울 꽃 편
시노하라 키쿠노리 감수 | 68쪽 | 12,000원

쉬운 색칠 그림 ③ 과일 편
시노하라 키쿠노리 감수 | 68쪽 | 12,000원

쉬운 색칠 그림 ④ 봄에서 여름을 수놓는 꽃 편
시노하라 키쿠노리 감수 | 68쪽 | 12,000원

쉬운 색칠 그림 ⑤ 야채 편
시노하라 키쿠노리 감수 | 68쪽 | 12,000원

쉬운 색칠 그림 ⑥ 화투 편
건강 100세 연구원 지음 | 72쪽 | 12,000원

쉬운 종이접기
건강 100세 연구원 지음 | 94쪽 | 12,000원

어른을 위한 스도쿠 초급 편, 중급 편
건강 100세 연구원 지음 | 84쪽 | 각 권 12,000원

어른을 위한 미로 찾기
건강 100세 연구원 지음 | 100쪽 | 14,000원

어른을 위한 낱말 퍼즐 ① ②
건강 100세 연구원 지음 | 116쪽 | 각 권 14,000원

어른을 위한 초성 게임 출간 예정

어른을 위한 쉬운 한자 퍼즐 출간 예정

어른을 위한 숨은 그림 찾기 출간 예정

어른을 위한 다른 그림 찾기 출간 예정

비타민북은 독자 여러분의 투고를 기다립니다.